Impressum
Verlag: BABADADA GmbH, Nedderfeld 112 , 22529 Hamburg
Geschäftsführer / Verlagsleitung: Harald Hof
Druck: Books on Demand GmbH, In de Tarpen 42, 22848 Norderstedt

Imprint
Publisher: BABADADA GmbH, Nedderfeld 112 , 22529 Hamburg, Germany
Managing Director / Publishing direction: Harald Hof
Print: Books on Demand GmbH, In de Tarpen 42, 22848 Norderstedt, Germany

ትምህርት ቤት

škola

መማሪያ ክፍል
třída
ማካፈል
dělit
186/2
ሰሌዳ
tabule
የትምህርት ቤት ቅጥር ግቢ
školní hřiště
መምህር
učitel
ወረቀት
papír
መፃፍ
psát
እስክሪብቶ
pero
መፃፊያ ጠረጴዛ
psací stůl
ማስመሪያ
pravítko
መጽሐፍ
kniha
ተማሪ
žák

የጀርባ ቦርሳ

aktovka

የእርሳስ መያዣ

penál

እርሳስ

tužka

የእርሳስ መቅረጫ

ořezávátko

ላጲስ

guma

የስዕል ደብተር

blok na kreslení

ስዕል
....
výkres

የቀለም ብሩሽ
....
štětec

የቀለም ሳጥን
....
malířské potřeby

መቀስ
....
nůžky

ማጣበቂያ
....
lepidlo

መልመጃ ደብተር
....
cvičebnice

የቤት ስራ
....
domácí úkol

ቁጥር
....
počet

መደመር
....
sčítat

መቀነስ
....
odčítat

ማባዛት
....
násobit

ቁጥሮችን ማስላት
....
počítat

ደብዳቤ
....
písmeno

ፊደላት
....
abeceda

ቃል
....
slovo

ፅሑፍ
text

ማንበብ
číst

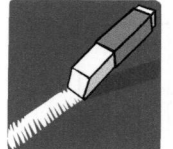

ጠመኔ
křída

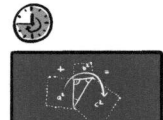

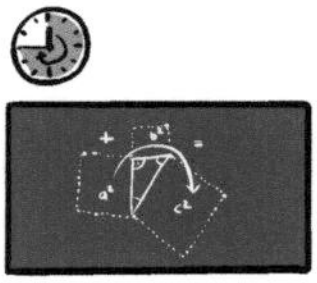

ትምህርት
hodina

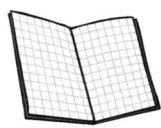

ምዝገባ
třídní kniha

ፈተና
zkouška

ሰርተፊኬት
vysvědčení

የትምህርት ቤት የደንብ ልብስ
školní uniforma

ትምህርት
vzdělání

አዉደ ጥበብ
encyklopedie

ዩኒቨርስቲ
univerzita

የምርምር አጉሊ መሳርያ
mikroskop

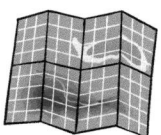

ካርታ
karta

የቆሻሻ ወረቀት መጣያ ቅርጫት
odpadkový koš na papír

ሆቴል
hotel
ማረፊያ ቤት
ubytovna
የዉጭ ገንዘብ ምንዛሪ ቢሮ
směnárna
ልብስ መያዣ ሻንጣ
kufr
መኪና
auto

ቋንቋ

jazyk

አዎ/ አይደለም

ano / ne

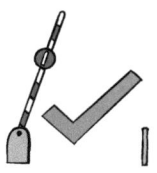

እሺ

oukej

ሰላም

Ahoj!

አስተርጓሚ

překladatel

አመሰግናለሁ

děkuji

ስንት ነዉ.......?

Kolik stojí...?

አልገባኝም

nerozumím

እክል

problém

እንደምን አመሹ!

Dobrý večer!

እንደምን አደሩ!

Dobré ráno!

መልካም ምሽት!

Dobrou noc!

ደህና ይሰንብቱ

na shledanou

አቅጣጫ

směr

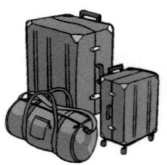

ሻንጣ

zavazadlo

ቦርሳ

taška

የጀርባ ቦርሳ

batoh

እንግዳ

host

ክፍል

pokoj

የመተኛ ቦርሳ

spací pytel

ድንኳን

stan

የጎብኚዎች መረጃ

turistické informace

የባህር ዳርቻ

pláž

ክሬዲት ካርድ

kreditní karta

ቁርስ

snídaně

ምሳ

oběd

እራት

večeře

ቲኬት

jízdenka

አሳንሰር

výtah

ማህተም

poštovní známka

ድንበር

hranice

ባህሎች

clo

ኤምባሲ

poselství

ቪዛ/የይለፍ ወረቀት

vízum

ፓስፖርት

pas

መጓጓዣ
transport

አዉሮፕላን
letadlo
መርከብ
loď
የእሳት አደጋ መኪና
hasičský vůz
autobus
የጭነት መኪና
nákladní vůz
የሞተር ጀልባ
motorový člun
ብስክሌት
kolo
መኪና
auto

የማመላለሻ ጀልባ

přívoz

ጀልባ

člun

የሞተር ብስክሌት

motorka

የፖሊስ መኪና

policejní auto

የዉድድር መኪና

závodní auto

የኪራይ መኪና

pronajaté auto

የመኪና መጋራት

sdílení aut

ጎታች መኪና

odtahová služba

የቆሻሻ ጭነት መኪና

popelářský vůz

ሞተር

motor

ነ ጅ

palivo

የቤንዚን ማደያ

čerpací stanice

የመንገድ ምልክት

dopravní značka

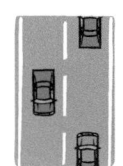

የመኪኖች እንቅስቃሴ

doprava

የመኪና መጨናነቅ

dopravní zácpa

የመኪና ማቆሚያ

parkoviště

የባቡር ጣቢያ

vlakové nádraží

የባቡር ሀዲዶች

koleje

ባቡር

vlak

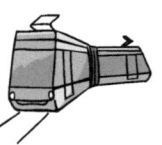

የኤሌክትሪክ ባቡር

tramvaj

ሰረገላ

vagón

ሄሊኮፕተር

helikoptéra

አየር ማረፊያ

letiště

ማማ

věž

መንገደኛ

pasažér

ማስቀመጫ፣ ማጠራቀሚያ

kontejner

ካርቶን እቃ ማሸጊያ

kartón

ጋሪ፣ ተሳቢ

trakař

ቅርጫት

koš

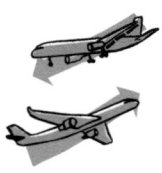

መነሳት/ ማረፍ

vzlétnout / přistát

ከተማ

město

መንደር

vesnice

የከተማ ማዕከል

střed města

ቤት

dům

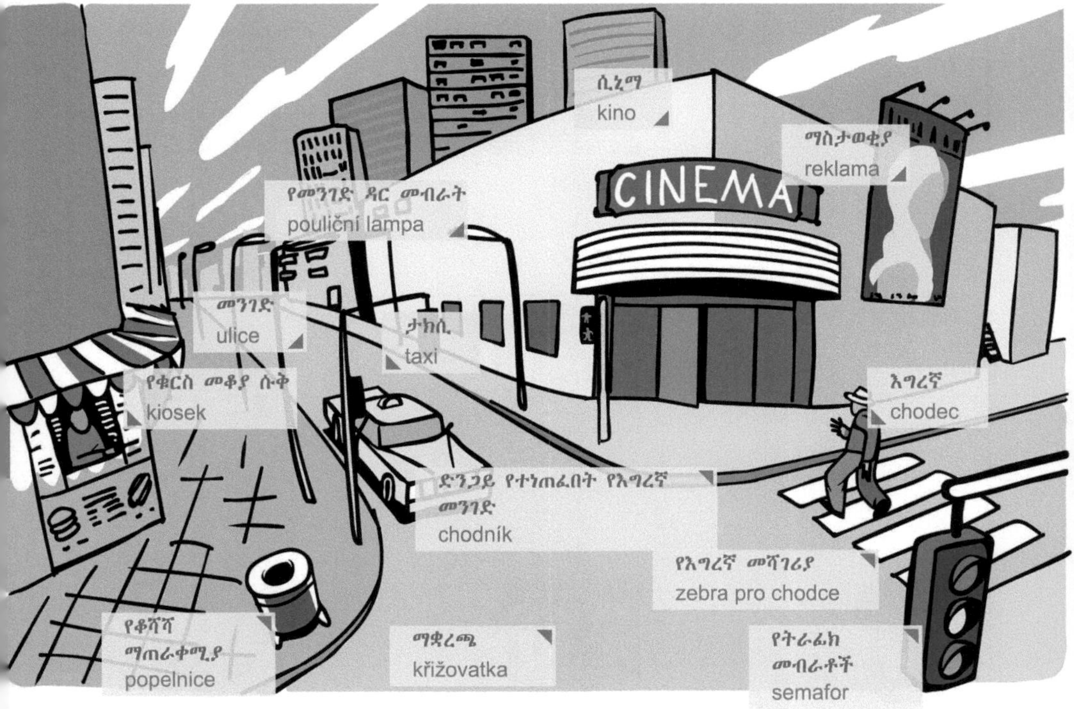

ሲኒማ
kino

ማስታወቂያ
reklama

የመንገድ ዳር መብራት
pouliční lampa

CINEMA

መንገድ
ulice

ታክሲ
taxi

እግረኛ
chodec

የቁርስ መቆያ ሱቅ
kiosek

ድንጋይ የተነጠፈበት የእግረኛ መንገድ
chodník

የእግረኛ መሻገሪያ
zebra pro chodce

የቆሻሻ ማጠራቀሚያ
popelnice

ማቋረጫ
křižovatka

የትራፊክ መብራቶች
semafor

ጎጆ

chata

አፓርታማ

byt

የባቡር ጣቢያ

vlakové nádraží

የከተማ አዳራሽ

radnice

ቤተ መዘክር

muzeum

ትምህርት ቤት

škola

ዩኒቨርስቲ

univerzita

ባንክ

banka

ሆስፒታል

nemocnice

ሆቴል

hotel

መድሐኒት ቤት

lékárna

ቢሮ

kancelář

መፅሐፍ መሸጫ

knihkupectví

ሱቅ

obchod

የአበባ መሸጫ

květinářství

የሸቀጣ ሸቀጥ መደብር

supermarket

ገበያ ስፍራ

tržnice

መደብር

obchodní dům

የዓሳ ነጋዴ

rybárna

የገበያ ማዕከል

nákupní centrum

ወደብ

přístav

መናፈሻ ቦታ

park

አግዳሚ ወንበር

lavička

ድልድይ

most

ደረጃዎች

schody

ዉስጥ ለዉስጥ

metro

ዋሻ

tunel

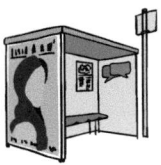

የአዉቶቡስ ፌርማታ

autobusová zastávka

ባር

bar

ምግብ ቤት

restaurace

የፖስታ ሳጥን

poštovní schránka

የመንገድ ምልክት

pouliční tabule

የመኪና ማቆሚያ ሒሳብ የሚያሰላ ማሽን

parkovací hodiny

የደር እንስሳት ማቆያ

zoo

የመዋኛ ገንዳ

plovárna

መስጊድ

mešita

እርሻ

usedlost

የሚበክል ነገር

znečišťování životního prostředí

መቃብር ስፍራ

hřbitov

ቤተ ክርስቲያን

církev

መጫወቻ ሜዳ

hřiště

ቤተ መቅደስ

chrám

መልከዓምድር
krajina

ቅጠል
list

የመንገድ ላይ ምልክት
rozcestník

መንገድ
cesta

አረንጓዴ መስክ
louka

ድንጋይ
kámen

ዛፍ
strom

በእግሩ የሚጓዝ
turista

ወንዝ
řeka

ሳር
tráva

አበባ
květina

ሸለቆ

údolí

ኮረብታ

hora

ይቅ

jezero

ጫካ

les

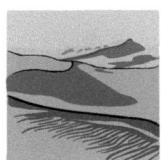

በረሃ

poušť

እሳተ ገሞራ

sopka

ግምብ

zámek

ቀስተ ዳመና

duha

እንጉዳይ

houba

የቴምብር ዛፍ/ ዘንባባ

palma

ቢንቢ/ የወባ ትንኝ

komár

በራሪ

moucha

ጉንዳን

mravenec

ንብ

včela

ሸረሪት

pavouk

ጢንዚዛ

brouk

እንቁራሪት

žába

ሽኮኮ

veverka

ጃርት

ježek

ጥንቸል

zajíc

ጉጉት ወፍ

sova

ወፍ

pták

የዉሃ ዳክዬ

labuť

ከርከሮ

divoké prase

አጋዘን

jelen

አጋዘን

los

ግድብ

přehrada

በነፋስ የሚሽከረከር

větrné kolo

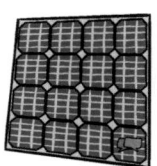

የፀሀይ ፓኔሎ

solární panel

አየር ንብረት

podnebí

አስተናጋጅ
čišník

ማዉጫ
jídelní lístek

ወንበር
židle

ሾርባ
polévka

ፒዛ
pizza

መክተፈያ
příbor

የጠረጴዛ ጨርቅ
ubrus

የምግብ ፍላጎትን የሚከፍት
ምግብ
předkrm

ዋና ምግብ
hlavní chod

ማጣጣሚያ ተከታይ ምግብ
dezert

መጠጦች
nápoje

ምግብ
jídlo

ጠርሙስ
láhev

ፈጣን ምግብ

rychlé občerstvení

የመንገድ ምግብ

pouliční občerstvení

የሻይ ማንቆርቆሪያ

čajová konvice

የስኳር እቃ

cukřenka

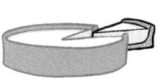

ድርሻ

porce

የቡና ማፊያ ማሽን

kávovar na espresso

ባለጌ ወንበር

dětská stolička

የክፍያ ደረሰኝ

faktura

ትሪ

tác

ቢላዋ

nůž

ሹካ

vidlička

ማንኪያ

lžíce

የሻይ ማንኪያ

čajová lyžička

ልብስ ምግብ እንዳይነካ የሚረዳ ጨርቅ

ubrousek

ብርጭቆ

sklenička

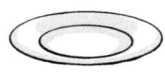

ዝርግ ሰሀን

talíř

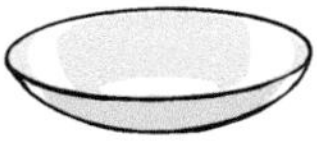

የሾርባ ጎድጓዳ ሰሀን

talíř na polévku

የስኒ ማስቀመጫ

podšálek

ማጣፈጫ ስጎ

omáčka

የጨዉ እቃ

slánka

የተፈጨ ቃሪያ

mlýnek na pepř

ኮምጣጤ

ocet

የምግብ ዘይት

olej

ቀመማ ቅመሞች

koření

የቲማቲም ድልህ

kečup

ሰናፍጭ

hořčice

ማዮኒዝ

majonéza

የሸቀጣ ሸቀጥ መደብር

supermarket

ልዩ አቅራቦት
nabídka
FOR
ደምበኛ
zákazník
የወተት ተዋፅዖ
mléčné výrobky
ፍራፍሬ
ovoce
ባለ ጎማ የእጅ ጋሪ
nákupní vozík

ሉካንዳ ነጋዴ

masna

መጋገርያ

pekařství

ክብደት መመዘን

vážit

ቅጠላ ቅጠል አትክልት

zelenina

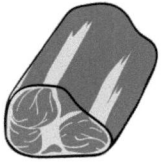

ስጋ

maso

የቀዘቀዘ/የረጋ ምግብ

mražené potraviny

ቀዝቃዛ ቁራጭ

obložený talíř

የታሸገ ምግብ

konzervy

የማጠቢያ ዱቄት

prací prášek

ጣፋጮች

cukrovinky

የቤት ዉስጥ ዉጤቶች

výrobky pro domácnost

የፅዳት ምርቶች

čisticí prostředek

የሽያጭ ባለሙያ

prodavačka

የገንዘብ መመዝቢያ ማሽን

pokladna

የሒሳብ ሰራተኛ

pokladní

የግዢ ዝርዝር

nákupní seznam

ክፍት ሰዓታት

otevírací doba

የኪስ ቦርሳ

peněženka

ክሬዲት ካርድ

kreditní karta

ቦርሳ

taška

የፕላስቲክ ቦርሳ

igelitová taška

መጠጦች

nápoje

ውሃ

voda

ጭማቂ

džus

ወተት

mléko

ኮካ-ኮላ

kola

ወይን

víno

ቢራ

pivo

አልኮል

alkohol

ኮካ

kakao

ሻይ

čaj

ቡና

káva

የተፈላ ቡና

espresso

ካፑቺኖ

kapučíno

ምግብ

jídlo

ሙዝ

banán

ፖም

jablko

ብርቱካን

pomeranč

ሀብሀብ

meloun

ሎሚ

citrón

ካሮት

mrkev

ነጭ ሽንኩርት

česnek

ሸምበቆ

bambus

ቀይ ሽንኩርት

cibule

እንጉዳይ

houba

ለዉዝ

ořechy

የህፃናት ምግብ

těstoviny

ፓስታ

špageti

ሩዝ

rýže

ሰላጣ

salát

የድንች ጥብስ

hranolky

ድንች ጥብስ

americké brambory

ፒዛ

pizza

ዳቦ ዉስጥ በስሱ ተጠብሶ የገባ ስጋ

hamburger

ሳንድዊች

sendvič

ጥሬ ስጋ

řízek

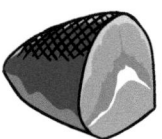

የአሳማ ስጋ

šunka

በቅመምና በጨዉ የታሸ ምግብ ቀዝቅዞ የሚበላ ሾርባ ምግብ

salám

ቋሊማ

salám

ዶሮ

kuře

ጥብስ

pečeně

አሳ

ryby

የአጃ ገንፎ

ovesné vločky

ከወተት ጋር ተደባልቀዉ የሚበሉ ምግቦች

müsli

የበቆሎ ቅርፊት

vločky

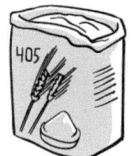

ዱቄት

mouka

ኩራሳ

croissant

ድብልብል ዳቦ

houska

ዳቦ

chléb

መጥበስ

toast

ብስኩት

sušenky

ቅቤ

máslo

እርጎ

tvaroh

ኬክ

buchta

እንቁላል

vejce

እንቁላል ጥብስ

volské oko

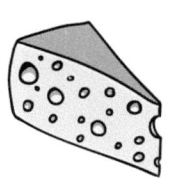

አይብ

sýr

የበረዶ ክሬም

zmrzlina

ስኳር

cukr

ማር

med

ማርማላት

marmeláda

የተናጠ የወተት ክሬም

nugátový krém

ማጣፈጫ

kari

እርሻ
usedlost

የገበሬ ቤት
selské stavení
የእህልና የከብት ማቀመጫ ቤት
stodola
የጭድ ክምር
balík slámy
ሜዳ
pole
ፈረስ
kůň
ተሳቢ መኪና
přívěs
የእርሻ መኪና
traktor
የፈረስ ውርንጭላ
hříbě
አህያ
osel
በግ
ovce
የበግ ጠቦት
jehně

ፍየል
koza

ላም
kráva

ጥጃ
tele

አሳማ
prase

ግልገል አሳማ
sele

ኮርማ
býk

ዝይ

husa

ዳክዬ

kachna

የዶሮ ጫጩት

kuře

ዶሮ

slepice

አዉራ ዶሮ

kohout

አይጥ

krysa

ደድመት

kočka

አይጥ

myš

በሬ

vůl

ዉሻ

pes

የዉሻ ቤት

psí bouda

የአትክ ት ቦታ

zahradní hadice

ዉሃ ማጠጫ ባ ዲ

kropicí konev

ረጅም ማጭድ

kosa

ማረሻ

pluh

ማጭድ

srp

መኮትኮቻ

motyka

የእህል መንሽ

vidle

መጥረቢያ

sekera

ኩርኩር/ የእጅ ጋሪ

kolecko

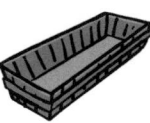

ገንዳ

koryto

የወተት ዕቃ

konev na mléko

ጆንያ ከረጢት

pytel

አጥር

plot

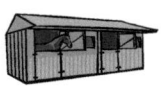

የፈረስ ጋጣ

stáj

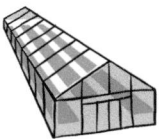

ዕፅዋት ማሳደጊያ የመስታዉት ቤት

skleník

አፈር

půda

ዘር

osivo

የመሬት ማዳበሪያ

hnojivo

ጥምር ማረሻ

kombajn

አዝመራ መሰብሰብ

sklidit

አዝመራ

sklizeň

ድንች

smldinec

ስንዴ

pšenice

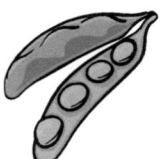

ሶያ

sója

ድንች

brambora

በቆሎ

kukuřice

የከብት መኖ

řepka

የፍሬ ዛፍ

ovocný strom

የካሳቫ ዛፍ

maniok

እህል

obilí

ቤት
dům

የጪስ ማውጫ
komín
ጣራ
střecha
okap
መስኮት
okno
ጋራዥ
garáž
የበር ደወል
zvonek
በር
dveře
የቆሻሻ ማጠራቀሚያ
popelnice
ፖስታ ሳጥን
dopisní schránka
የአትክልት ቦታ
zahrada

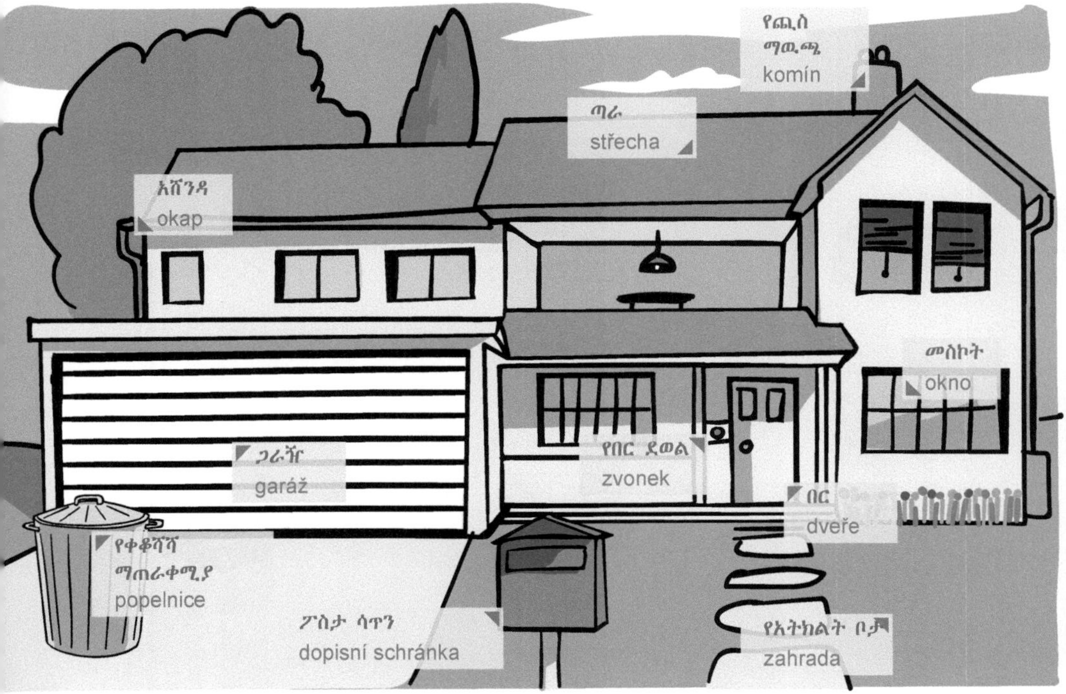

ሳሎን

obývací pokoj

መታጠቢያ ቤት

koupelna

ማድቤት

kuchyně

መኝታ ቤት

ložnice

የልጅ ክፍል

dětský pokoj

መመገቢያ ክፍል

jídelna

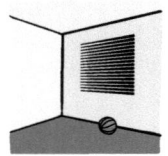

ወለል

podlaha

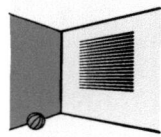

ግድግዳ

zeď

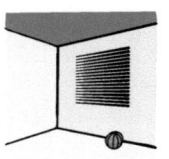

ጣሪያ

deka

ምድር ቤት

sklep

በእንፋሎት ሙቀት መታጠቢያ ቤት

sauna

ሰገነት

balkón

ከፍ ያለ መደብ

terasa

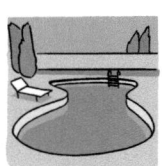

የመዋኛ ገንዳ

bazén

የማጨጃ መኪና

sekačka na trávu

አንሶላ

ložní prádlo

የአልጋ ልብስ

lůžková přikrývka

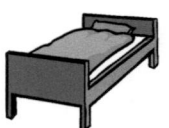

አልጋ

postel

መጥረጊያ

smeták

ባልዲ

kýbl

ማብሪያና ማጥፊያ

vypínač

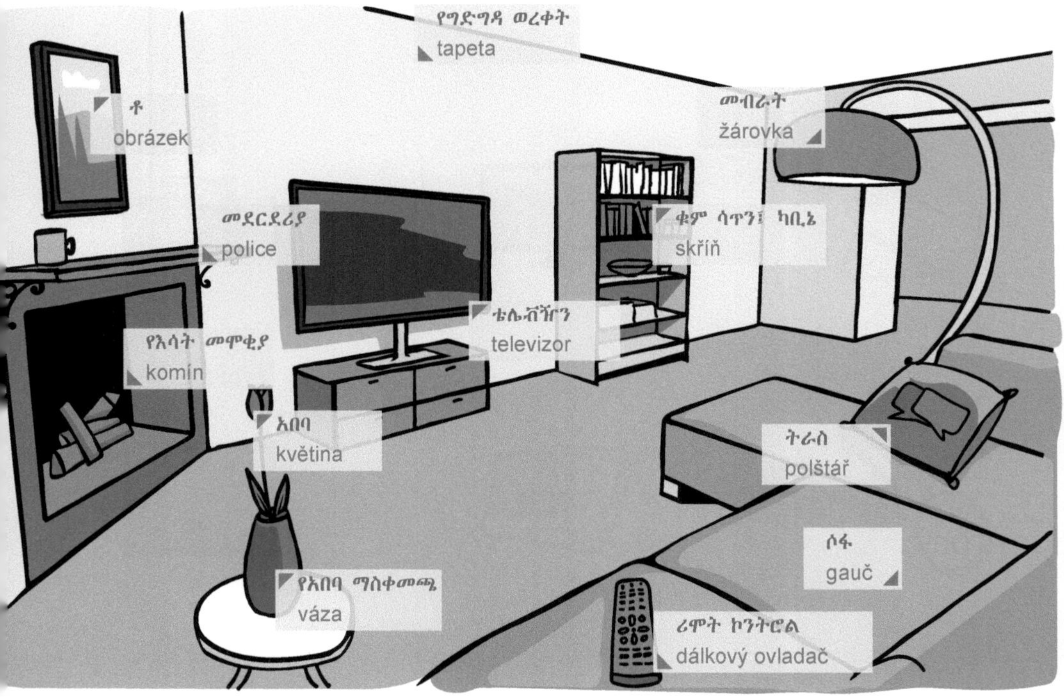

የግድግዳ ወረቀት
tapeta

ፎቶ
obrázek

መብራት
žárovka

መደርደሪያ
police

ቁም ሳጥን፣ ካቢኔ
skříň

የእሳት መሞቂያ
komín

ቴሌቪዥን
televizor

አበባ
květina

ትራስ
polštář

ሶፋ
gauč

የአበባ ማስቀመጫ
váza

ሪሞት ኮንትሮል
dálkový ovladač

ንጣፍ

koberec

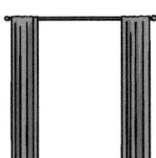

መጋረጃ

závěs

ጠረጴዛ

stůl

ወንበር

židle

ተወዛዋዥ ወንበር

houpací křeslo

ባለመደገፊያ ወንበር

křeslo

መጽሐፍ

kniha

ብርድ ልብስ

strop

ጌጥ

ozdoba

ማገዶ

palivové dříví

ፊልም

film

የሙዚቃ መጫወቻ

stereo souprava

ቁልፍ

klíč

ጋዜጣ

noviny

ስዕል

malba

የተለጠፈ ማስታወቂያ እንደ ስዕል

plakát

ራዲዮ

rádio

ማስታወሻ ደብተር

poznámkový blok

የአየር ማፅጃ ለምንጣፍ

vysavač

ቁልቋል

kaktus

ሻማ

svíce

ማድቤት

kuchyně

ማቀዝቀዣ
chladnička
ማይክሮዌቭ ምግብ ማብሰያ
mikrovlnná trouba
የኩሽና መመዘኛ ሚዛን
kuchyňská váha
ዳቦ መጥበሻ
toustovač
ንፁህ ማድረጊያ
čisticí prostředek
ምድጃ
trouba
ማቀዝቀዣ
mraznička
የቆሻሻ ማጠራቀሚያ
popelnice
እቃ ማጠቢያ
myčka nádobí

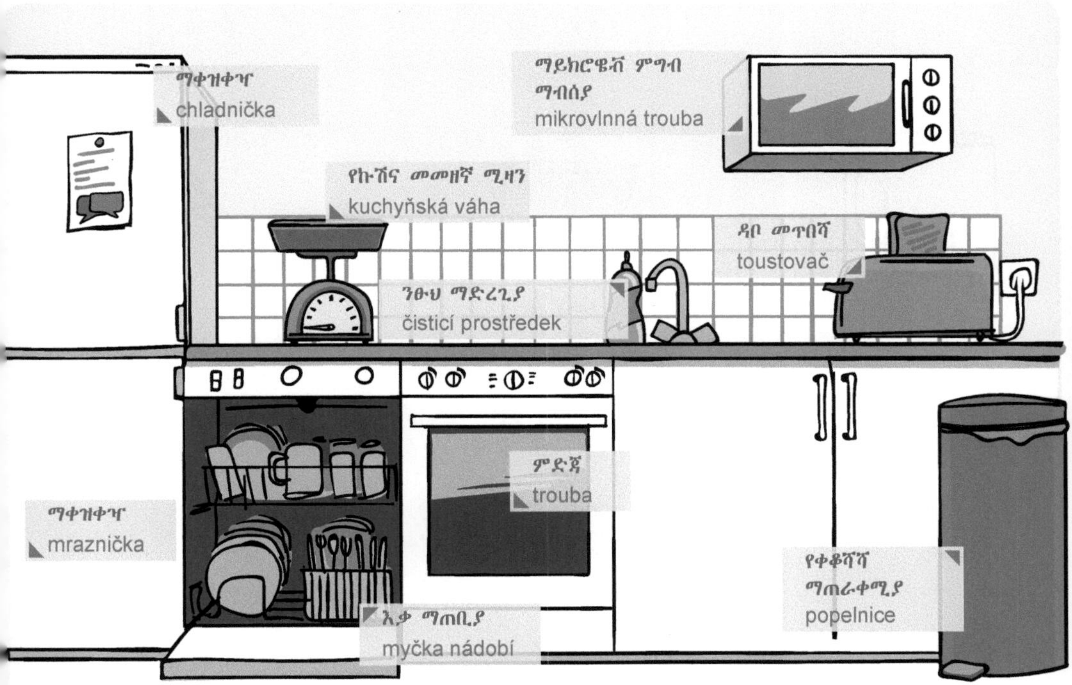

ምግብ አብሳይ

sporák

ማሰሮ

hrnec

የብረት ማሰሮ

litinový hrnec

ምግብ ማብሰያ ዝርግ ድስት

wok / kadai

የምግብ መጥበሻ

pánev

ማንቆርቆሪያ

varná konvice

የእንፋሎት ማብሰያ

parní hrnec

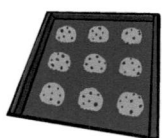

የመጋገሪያ ትሪ

plech na pečení

ሰብስቦች

nádobí

ትልቅ ኩባያ

hrnek

ጎድጓዳ ሳህን

miska

ቾፕስቲክስ

jídelní hůlky

ጭልፋ

naběračka

መሰቅሰቂያ ዝርግ ማንኪያ

obracečka

ማደባለቂያ

metla

መወጠሪያ

síto

ወንፊት

cedník

መፈርፈሪያ መሳሪያ

struhadlo

ሲሚንቶ

hmoždíř

የፍም ጥብስ

gril

የተለቀቀ እሳት

ohniště

መክተፊያ

prkénko na krájení

ተንሽራታች መርፌ

váleček na těsto

የጠርሙስ መክፈቻ

vývrtka

ጣሳ

dóza

የጣሳ መክፈቻ

otvírák na konzervy

የማሰሮ መሸፈኛ

chňapka

ሳህን ማጠቢያ

umyvadlo

ብሩሽ

kartáč na nádobí

ስፖንጅ

houba

መደባለቂያ መሳሪያ

mixér

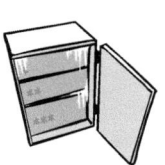

በጣም ማቀዝቀዣ

mrazák

ጡጦ

dětská lahev

ቧንቧ

kohoutek

መታጠቢያ ቤት
koupelna

ማሞቂያ
topení
መታጠቢያ
sprcha
ፎጣ
ručník
የመታጠቢያ ቤት መጋረጃ
sprchový závěs
የአረፋ መታጠቢያ
pěnová koupel
የመታጠቢያ ገንዳ
vana
ብርጭቆ
sklenička
የልብስ ማጠቢያ
pračka
ቧንቧ
kohoutek
ማዕዘን ወለል
obkladačky
nočník
ሳህን ማጠቢያ
umyvadlo

ሽንት ቤት
záchod

የሽንት ቤት መቀመጫ
turecký záchod

ሳፋ
bidet

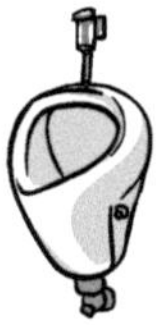

የመንገድ ዳር መሽኛ
pisoár

የሽንት ቤት ወረቀት
toaletní papír

የሽንት ቤት ማፅጃ ብሩሽ
záchodová štětka

የጥርስ ብሩሽ

zubní kartáček

የጥርስ ሳሙና

zubní pasta

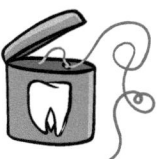

የጥርስ ማፅጃ ክር

zubní niť

መታጠብ

mýt

የእጅ መታጠቢያ

ruční sprcha

መታጠቢያ

intimní sprcha

ጎድጓዳ ሳህን

umyvadlo

የጀርባ ብሩሽ

kartáč na záda

ሳሙና

mýdlo

የመታጠቢያ የሚዝለገለግ ሳሙና

sprchový gel

የፀጉር መታጠቢያ ሳሙና

šampón

ለስላሳ ጨርቅ

žínka

ፍሳሽ

odpad

ክሬም

krém

ጠረን መቀየሪያ ንጥረ ነገር

deodorant

መስታወት

zrcadlo

የእጅ መስታወት

kosmetické zrcátko

ምላጭ

holicí strojek

የመላጫ አረፋ

pěna na holení

ከመላጨት በኋላ የሚቀባ ሽቱ

voda po holení

ማበጠሪያ

hřeben

ብሩሽ

kartáč

የፀጉር ማድረቂያ

fén

በፀጉር ላይ የሚነፋ

lak na vlasy

የፊት መቀባቢያ

makeup

የከንፈር ቀለም

rtěnka

የጥፍር ቀለም

lak na nehty

የጥጥ ሱፍ

vata

ጥፍር መቁረጫ

nůžky na nehty

ሽቶ

parfém

ማጠቢያ ባልዲ

taška s toaletními potřebami

መቀመጫ

stolička

ሚዛን

váha

የመታጠቢያ ልብስ

župan

የላስቲክ ጓንት

gumové rukavice

ሞዴስ

tampón

የፅዳት ፎጣ

dámská vložka

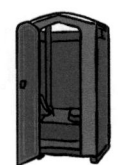

የሽንት ቤት ኬሚካል

chemická toaleta

የልጅ ክፍል
dětský pokoj

የማንቂያ ደዉል ሰዐት
budík
የህፃን አሻንጉሊት
plyšová hračka
የመጫወቻ
መኪና
autíčko
ማንገጫገጫ
መጫወቻ
chrastítko
የአሻንጉሊት ቤት
domeček pro panenky
ስጦታ
dárek

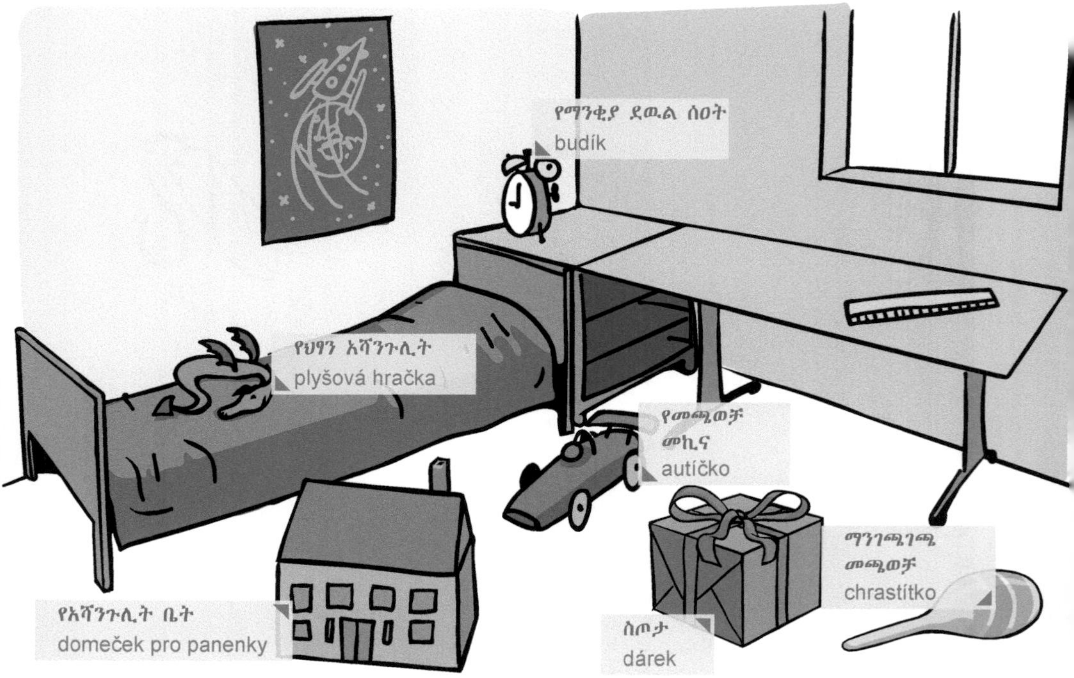

ፊኛ

balón

አልጋ

postel

የህፃን ማንሸራሸሪያ ጋሪ

kočárek

የካርታ መጫወቻ

balíček karet

ቁርጥራጭ ምስሎችን የማገጣጠም
እና ምስል የማግኘት ጨዋታ

puzzle

አ ናኝ

komiks

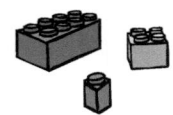

ተገጣጣሚ መጫወቻ

....

lego kostky

የመጫወቻ መገጣጠሚያዎች

....

stavebnice

የድርጊት ምስል

....

akční figurka

የህፃን እድገት

....

dupačky

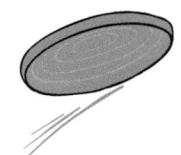

የፕላስቲክ መጫወቻ ዝርግ ሰሀን

....

frisbee

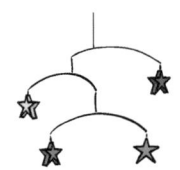

ተወዛዋዥ የህፃን ማጫወቻ

....

závěsné hračky nad postýlku

የሰሌዳ ጨዋታ

....

desková hra

የመጫወቻ ጠጠር

....

kostky

የመጫወቻ ባቡር

....

modelová železnice

የእንጀራ እናት ጡጦ

....

dudlík

ድግስ

....

oslava

የስዕል መፅሀፍ

....

obrázková kniha

ኳስ

....

míč

አሻንጉሊት

....

panenka

መጫወት

....

hrát si

የአሸዋ መጫወቻ

pískoviště

ዥዋዥዌ

houpačka

መጫወቻዎች

hračky

የቪዲዮ መጫወቻ

hrací konzole

ባለ ሶስት ጎማ ብስክሌት

tříkolka

የአሻንጉሊት ድብ

medvídek

ቁምሳጥን

šatník

አልባሳት

oblečení

ካልሰ ዎች

ponožky

ስቶኪንጎች

punčochy

ታይት

punčochové kalhoty

የ ንገት ልብስ
šála

deštník

tričko

ቀበቶ
pásek

ስኒከሮች
tenisky

ቦቲ
kozačky

የቤት ዉስጥ ነጠላ ጫማ
domácí obuv

ነጠላ ጫማዎች

....

sandály

ጫማዎች

....

obuv

የዝናብ ቡትስ

....

holínky

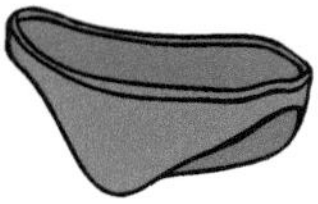

ሙታንታ

....

spodní prádlo

ጡት መያዣ

....

podprsenka

ሰደርያ

....

nátělník

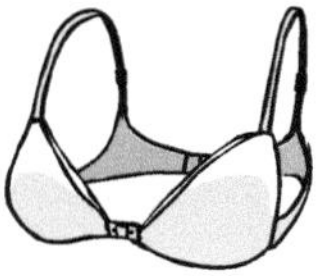

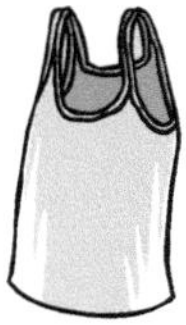

ሰዉነት

body

ሱሪዎች

kalhoty

ጅንስ

džíny

ጉርድ ቀሚስ

sukně

ሸሚዝ

blůza

ሸሚዝ

košile

የሚጠለቅ ሹራብ

svetr

ሹራብ

mikina

ዩኒፎርም ጃኬት

blejzr

ጃኬት

bunda

ኮት

kabát

የዝናብ ኮት

pláštěnka

ልብስ

kostým

ቀሚስ

šaty

የሙሽራ ቀሚስ

svatební šaty

ሱፍ

oblek

የለሊት ልብስ

noční košile

የለሊት ልብስ

pyžamo

ረጅም ቀሚስ

sárí

ሂጃብ

šátek na hlavu

ጥምጣም

turban

ቡርቃ

burka

ሽርጥ

kaftan

አባያ

abája

የዋና ልብስ

plavky

አጭር ቁምጣ

pánské plavky

ቁምጣዎች

kraťasy

የስራ ቱታ

tepláková souprava

ሽርጥ

zástěra

ጓንት

rukavice

ቁልፍ

knoflík

መነፅር

brýle

አምባር

náramek

የአንገት ሀብል

náhrdelník

ቀለበት

prsten

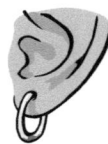

የጆሮ ጌጥ

náušnice

ኮፍያ

čepice

የኮት መስቀያ

ramínko

ኮፍያ

klobouk

ከረቫት

kravata

ዚፕ

zip

የብረት ቆብ

helma

መደገፊያ

kšandy

የትምህርት ቤት የደንብ ልብስ

školní uniforma

የደንብ ልብስ

uniforma

መሃረብ

bryndák

የእንጀራ እናት ጡጦ

dudlík

ሽንት ጨርቅ

plena

ቢሮ

kancelář

server
የፋይል መደርደሪያ ካቢኔ
kartotéka
የህትመት መሳሪያ
tiskárna
ወረቀት
papír
መቆጣጠሪያ
monitor
ማዉዝ
myš
መፃፊያ ጠረጴዛ
psací stůl
ማህደር
šanon
የመፃፊ ቁልፎች
klávesnice
የቆሻሻ ወረቀት መጣያ ቅርጫት
odpadkový koš na papír
ኮምፒዉተር
počítač
ወንበር
židle

የቡና መጠጫ ትልቅ ኩባያ

hrnek na kávu

ማስሊያ ማሽን

kalkulačka

ኢንተርኔት

internet

ላፕቶፕ
notebook

ደብዳቤ
dopis

መልዕክት
zpráva

ተንቀሳቃሽ ስልክ
mobil

የግንኙነት አዉታር
síť

ማባዣ ማሽን
kopírka

ሶፍትዌር
software

ስልክ
telefon

የግድግዳ ሶኬት
zásuvka

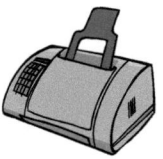

የፋክስ ማሽን
fax

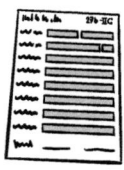

ቅፅ
formulář

ሰነድ
dokument

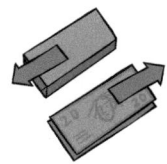

መግዛት

nakupovat

መክፈል

zaplatit

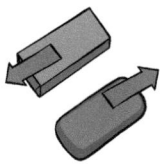

መነገድ

jednat

ገንዘብ

peníze

USD

ዶላር

dolar

EUR

ዩሮ

euro

JPY

የን

jen

RUB

ሩብል

rubl

CHF

የስዊዝ ፍራንክ

frank

CNY

ሬንሚንቢ ዩዋን

juan

ሩጲ

rupie

የገንዘብ ነጥብ

bankomat

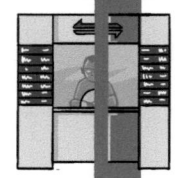

የውጭ ገንዘብ መመንዘሪ ቢሮ

smě...ma...

smě...to

ብር

stříbro

ዘ...

ol...

ሀ...ጉልበት

...energie

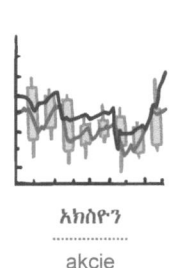

ዋጋ

cena

ግንኙነት

smlouva

ቀረጥ

daň

አክስዮን

akcie

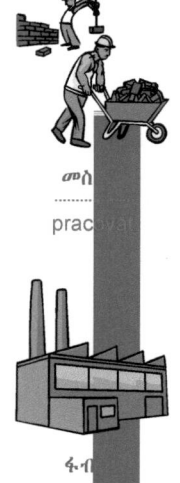

መስ...

prac...

...ሪ

zaměstnanec

ቀጣሪ

zaměstnavatel

ፋብ...

tová...

...

...nod

የስራ ሙያዎች

የፖሊስ አዛዥ
policista
የእሳት አደጋ ሰራተኛ
hasič
ምግብ አብሳይ
kuchař
ዶክተር
lékař
አብራሪ
pilot

አትክልተኛ

zahradník

አናጢ

truhlář

ልብስ ሰፊ ሴት

švadlena

ዳኛ

soudce

ቀማሚ

chemik

ተዋናይ

herec

የአዉቶቢስ ሹፌር

....

řidič autobusu

የታክሲ ሹፌር

....

řidič taxi

አሳ አጥማጅ

....

rybář

ፅዳት ሰራተኛ

....

uklízečka

የጣራ ሰራተኛ

....

pokrývač

አስተናጋጅ

....

číšník

አዳኝ

....

myslivec

ሰ ሊ

....

malíř

ጋጋሪ

....

pekař

የኤሌትሪክ ሰራተኛ

....

elektrikář

ገምቢ

....

stavební dělník

መሃሃዲስ

....

inženýr

ልኳንዳ

....

řezník

የቧንቧ ሰራተኛ

....

klempíř

የፖስታ ሰራተኛ

....

listonoš

54 የስራ ሙያዎች - povolání

ወታደር

voják

መሃንዲስ

architekt

የሒሳብ ሰራተኛ

pokladní

አበባ ሻጭ

florista

የፀጉር ሰራተኛ

kadeřník

ቲኬት ቆራጭ

průvodčí

መካኒክ

mechanik

ካፒቴን

kapitán

የጥርስ ሐኪም

zubař

ተመራማሪ

vědec

መምህር

rabín

የሙስሊም ሃይማኖታዊ መሪ

imám

መነኩሴ

mnich

ካህን

duchovní

መሳሪያዎች
nářadí

kladivo
ተቆላፊ ጉጠት
kleště
መፍቻ
šroubovák
የመሳሪ መፍቻ
klíč
ባትሪ
kapesní svítilna

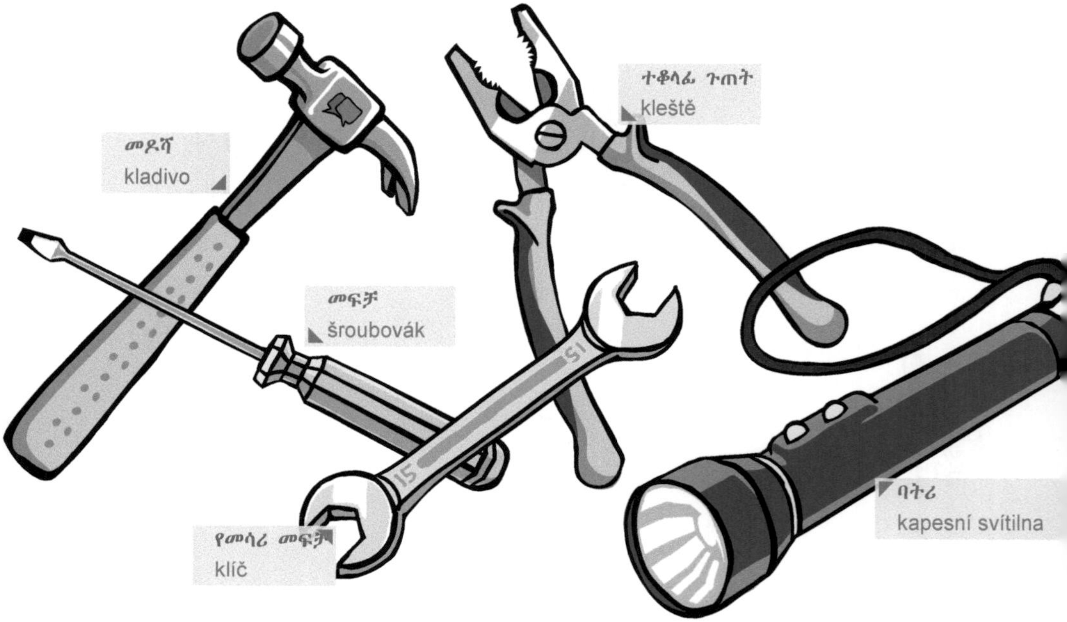

በቁፋሮ የሚዝቅ

bagr

የመፍቻ ሳጥን

skříň na nářadí

መሰላል

žebřík

መጋዝ

pila

ምስማር

hřebíky

መሰርሰሪያ

vrtačka

መጠገን

opravit

አካፋ

lopata

የተረገመ!

Kurva!

ቆሻሻ ማፈሻ

lopatka

የቀለም ቆርቆሮ

vědroé na barvu

ብሎን

šrouby

የሙዚቃ መሳሪያዎች

hudební nástroje

የድምፅ ማጉያ መሳርያ
reproduktor
የከበሮ መሳሪያዎች
bicí
ክራር መሰል የሙዚቃ መሳሪያ
kytara
ድርብ ቤዝ ጊታር
kontrabas
የትንፋሽ ሙዚቃ መሳሪያ
trubka

ፒያኖ

klavír

ቫዮሊን

housle

ወፍራም፤ ጎርናና ድምፅ ያለዉ ክራር መሰል ሙዚቃ መሳሪያ

basa

ነጋሪት

tympán

ከበሮ

bubny

በኤሌክትሪክ የሚሰራ ፒኖ

keyboard

የትንፋሽ ሙዚቃ መሳሪያ

saxofon

ዋሽንት

flétna

የድምፅ ማጉያ

mikrofon

የደር እንስሳት ማቆያ

ZOO

ነብር
tygr
ሳጥን
klec
የሜዳ አህያ
zebra
የእንስሳ ምግብ
krmivo pro zvířata
ትልቅ ድብ
panda
መግቢያ
vstup

እንስሳቶች

zvířata

ዝሆን

slon

ካንጋሮ

klokan

አዉራሪስ

nosorožec

ትልቅ ዝንጀሮ

gorila

ድብ

medvěd

ግመል

velbloud

ሰጎን

pštros

አንበሳ

lev

ጦጣ

opice

ቅልጥመ ረዥም ወፍ

plameňák

በቀቀን

papoušek

የወዋልታ ድብ

lední medvěd

የዋልታ ወፎች

tučňák

ረጅም ጥርሶች ያሉትአሳ ነባሪ

žralok

ጣዎስ

páv

እባብ

had

አዞ

krokodýl

የዱር አራዊት የሚጠበቁበት ማቆያን የሚጠብቅ

ošetřovatel zvířat

አሳ በሊታ የባህር እንስሳ

tuleň

የዱር ድመት

jaguár

ድንክ ፈረስ

poník

ነብር

leopard

ጉማሬ

hroch

ቀጭኔ

žirafa

ንስር

orel

ከርከሮ

divoké prase

አሳ

ryby

የባህር ኤሊ

želva

የባህር አዉሬ

mrož

ቀበሮ

liška

የሜዳ ፍየል፤ ሚዳቋ

gazela

የስፖርት አይነቶች

sport

የአሜሪካ እግርኳስ
americký fotbal
የብስክሌት ስፖርት
cyklistika
ቴኒስ
tenis
የቅርጫት ኳስ
košíková
ዋና
plavání
የበረዶ ላይ የገና ጨዋታ
lední hokej
የቡጢ ስፖርት
box

እግር ኳስ

kopaná

የላበ ኳስ ጨዋታ

badminton

አትሌቲክስ

lehká atletika

የእጅ ኳስ ስፖርት

házená

የበረዶ መንሸራተት ስፖርት

běh na lyžích

ፈረስ ግልቢያ

vodní pólo

እንቅስቃሴዎች

aktivity

መሳቅ
smát se
መዝለል
skočit
ማቀፍ
objímat
መራመድ
jít
zpívat
ህልም ማለም
snít
መፀለይ
modlit se
መሳም
políbit

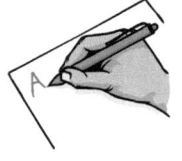

መፃፍ

psát

መሳል

kreslit

ማሳየት

ukazovat

መግፋት

tlačit

መስጠት

dát

መዉሰድ

vzít si

መያዝ

mít

ማድረግ

dělat

መሆን

být

መቆም

stát

መሮጥ

běhat

መሳብ

táhnout

መወርወር

hodit

መዉደቅ

padat

መዋሸት

ležet

መጠበቅ

čekat

መሸከም

nosit

መቀመጥ

sedět

መልበስ

oblékat

መተኛት

spát

መንቃት

vzbudit se

መመልከት

prohlédnout si

ማለልቀስ

plakat

መሻር

pohladit

ማበጠር

česat

ማዉራት

hovořit

መረዳት

rozumět

ጥያቄ

ptát se

ማዳመጥ

slyšet

መጠጣት

pít

መብላት

jíst

ማንፃት

uklidit

ማፍቀር

milovat

ምግብ ማብሰል

vařit

መንዳት

jet

መብረር

letět

መርከብ መንዳት

plachtit

ቁጥሮችን ማስላት

počítat

ማንበብ

číst

መማር

učit se

መስራት

pracovat

ማግባት

vzít si

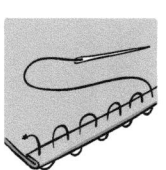

መስፋት

šít

ጥርስ መቦረሽ

čistit si zuby

መግደል

zabít

ማጨስ

kouřit

መላክ

poslat

የሴት አያት
babička

የወንድ አያት
dědeček

አባት
otec

እናት
matka

ህፃን
dítě

ሴት ልጅ
dcera

ወንድ ልጅ
syn

እንግዳ
host

አክስት
teta

አጎት
strýc

ወንድም
bratr

እህት
sestra

አካል

tělo

ግንባር
čelo
አይን
oko
ትከሻ
rameno
ጣት
prst
ፊት
obličej
አገጭ
brada
እጅ
ruka
እግር
dolní končetina
ጡት
hruď
ክንድ
paže

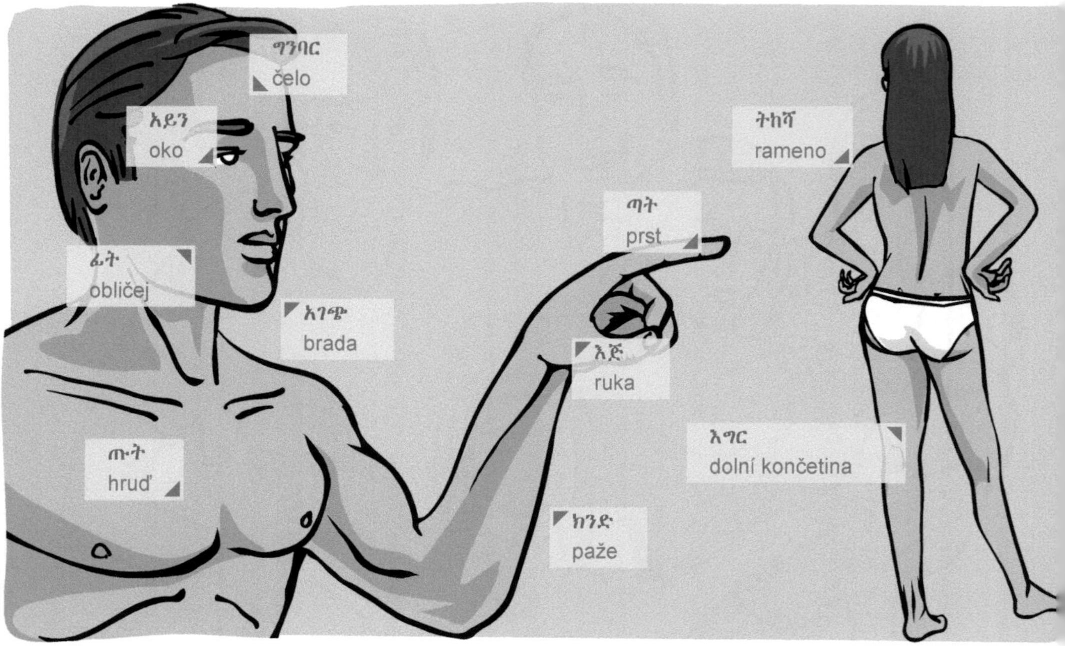

ህፃን

dítě

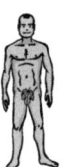

ሰዉ

muž

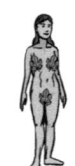

ሴት

žena

ልጃገረድ

dívka

ወንድ ልጅ

chlapec

ራስ

hlava

ጀርባ

záda

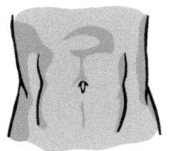

ሆድ

břicho

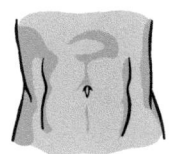

እምብርት

pupík

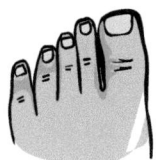

የእግር ጣት

prst na noze

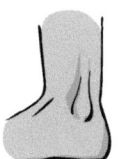

ተረከዝ

pata

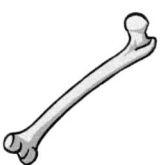

አጥንት

kost

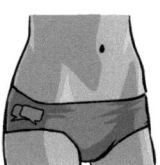

ዳሌ

bok

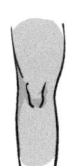

ጉልበት

koleno

ክርን

loket

አፍንጫ

nos

ቂጥ

zadek

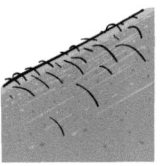

ቆዳ

kůže

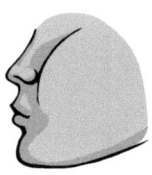

ጉንጭ

tvář

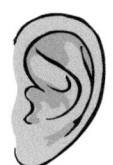

ጆሮ

ucho

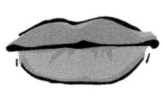

ከንፈር

ret

አፍ

....

ústa

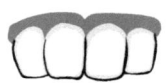

ጥርስ

....

zub

ምላስ

....

jazyk

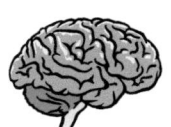

አንጎል

....

mozek

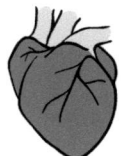

ልብ

....

srdce

ጡንቻ

....

sval

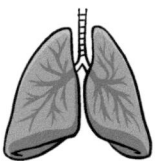

ሳምባ

....

plíce

ጉበት

....

játra

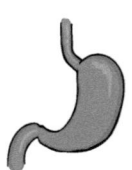

ሆድ

....

žaludek

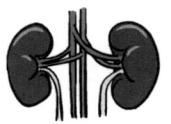

ኩላሊቶች

....

ledviny

የግብረስጋ ግንኙነት

....

pohlavní styk

ኮንዶም

....

kondom

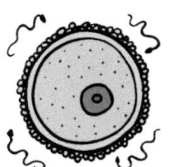

የሴት እንቁላል

....

vajíčko

የዘር ፈሳሻ

....

sperma

እርግዝና

....

těhotenství

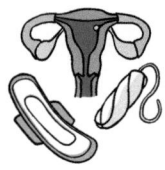

የወር አበባ

menstruace

እምስ

vagina

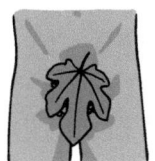

ቁላ

penis

ቅንድብ

obočí

ፀጉር

vlasy

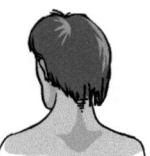

አንገት

krk

ሆስፒታል

nemocnice

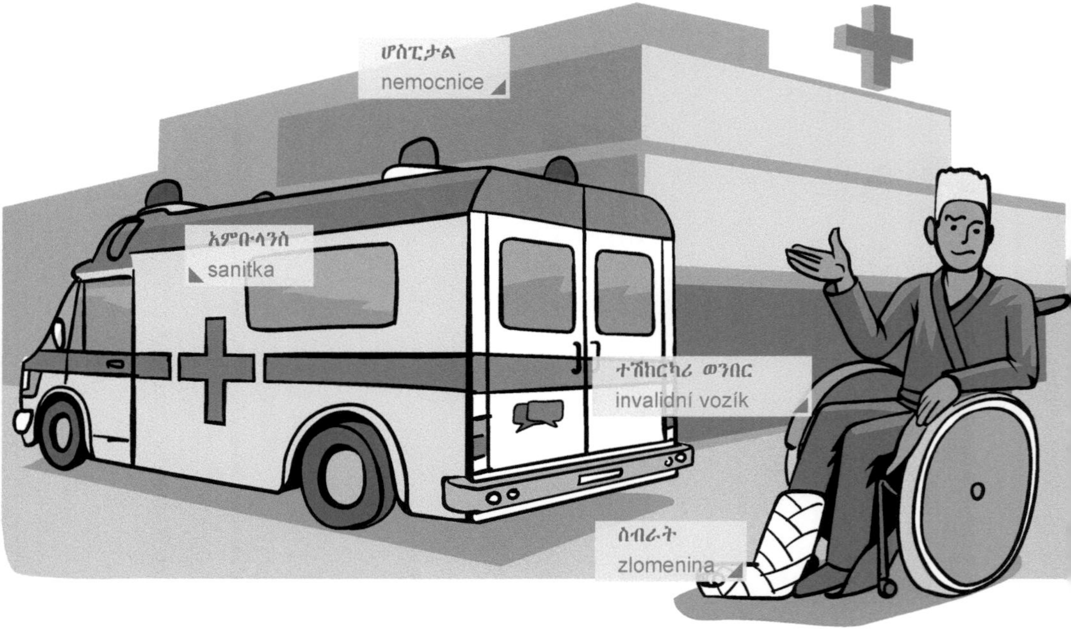

ሆስፒታል
nemocnice
አምቡላንስ
sanitka
ተሽከርካሪ ወንበር
invalidní vozík
ስብራት
zlomenina

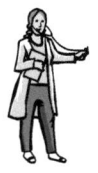

ዶክተር

lékař

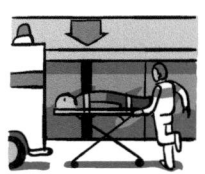

ድንገተኛ ክፍል

pohotovost

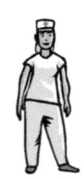

ነርስ

zdravotní sestra

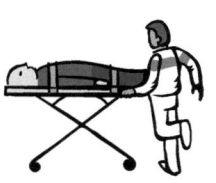

ድንገተኛ

urgentní případ

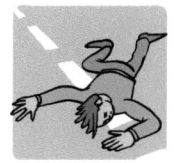

ራስን መሳት/ አለማወቅ

v bezvědomí

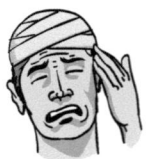

ህመም

bolest

ጉዳት

úraz

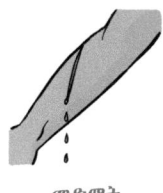

መድማት

krvácení

የልብ ድካም

infarkt myokardu

ስትሮክ

cévní mozková příhoda

አለርጂ

alergie

ሳል

kašel

ትኩሳት

horečka

ኢንፍሉዌንዛ

chřipka

ተቅማጥ

průjem

የራስ ምታት

bolest hlavy

ካንሰር

rakovina

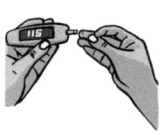

የስኳር በሽታ

cukrovka

ቀዶ ጠጋኝ ሐኪም

chirurg

የቀዶ ጥገና ስለት

skalpel

ቀዶ ጥገና

operace

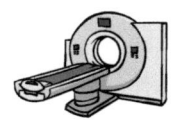

ሲቲ

CT

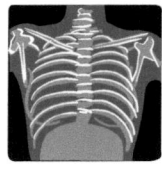

ኤክስሬዮ

rentgen

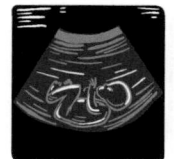

አልትራሳዉንድ

ultrazvuk

የፊት ጭምብል

maska

በሽታ

nemoc

መጠበቂያ ክፍል

čekárna

ምርኩዝ

berle

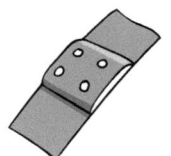

የቁስል ማሸጊያ

náplast

ፋሻ

obvaz

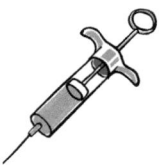

መርፌ

injekce

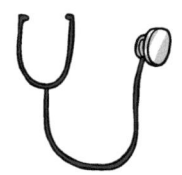

የልብ ምት ማዳመጫ መሳሪያ

stetoskop

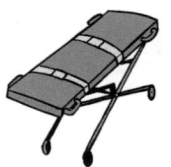

የበሽተኛ አልጋ

nosítka

የህክምና ሙቀት መለኪያ መሳሪያ

teploměr

መውለድ

porod

ከልክ ያለፈ ክብደት

nadváha

ለመስማት የሚረዳ መሳሪያ

naslouchátko

ፀረ ተባይ መድሀኒት

dezinfekční prostředek

ማመርቀዝ

infekce

ቫይረስ

virus

ኤች አይቪ ኤድስ

HIV / AIDS

ህክምና

lékařství

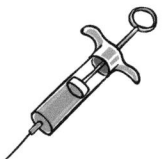

ክትባት

očkování

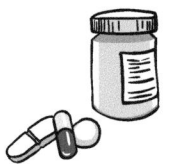

ኪኒን

tablety

ኪኒን

pilulka

አስቸኳይ የስልክ ጥሪ

tísňové volání

ደም ግፊት መቆጣጠሪያ

tonometr

ህመም/ ጤንነት

nemocný / zdravý

ድንገተኛ
urgentní případ

እርዳታ!

Pomoc!

ማንቂያ ደዉል

poplach

ጥቃት

přepadení

ድብደባ

napadení

አደጋ

nebezpečí

የድንገተኛ መዉጫ

nouzový východ

እሳት!

Hoří!

እሳት ማጥፊያ

hasicí přístroj

አደጋ

nehoda

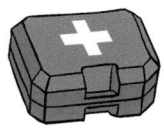

የመጀመሪያ እርዳታ መድሃኒት መያዣ

zdravotnická brašna

ነፍስ አድን

SOS

ፖሊስ

policie

ምድር
země

አዉሮፓ

Evropa

ሰሜን አሜሪካ

Severní Amerika

ደቡብ አሜሪካ

Jižní Amerika

አፍሪካ

Afrika

እስያ

Asie

አዉስትራሊያ

Austrálie

አትላንቲክ

Atlantik

ፓስፊክ

Pacifik

የህንድ ዉቅያኖስ

Indický oceán

አንታርክቲክ ዉቅያኖስ

Jižní ledový oceán

አርክቲክ ዉቅያኖስ

Severní ledový oceán

ሰሜን ዋልታ

severní pól

ደቡብ ዋልታ

jižní pól

አንታርክቲካ

Antarktida

ምድር

země

መሬት

pevnina

ባህር

moře

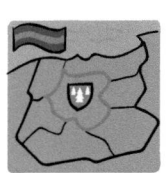

ደሴት

ostrov

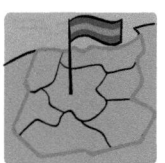

አገርና ህዝብ

národ

መንግስት

stát

ሰዓት
hodiny

የሰዓት ገፅታ

ciferník

ሰዓት

hodinová ručička

ደቂቃ

minutová ručička

ሴኮንድ

vteřinová ručička

ስንት ሰዓት ነው?

Kolik je hodin?

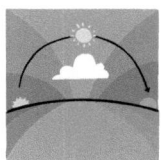

ቀን

den

ጊዜ

čas

አሁን

teď

የቁጥር ሰዐት

digitální hodinky

ደቂቃ

minuta

ሰዓታት

hodina

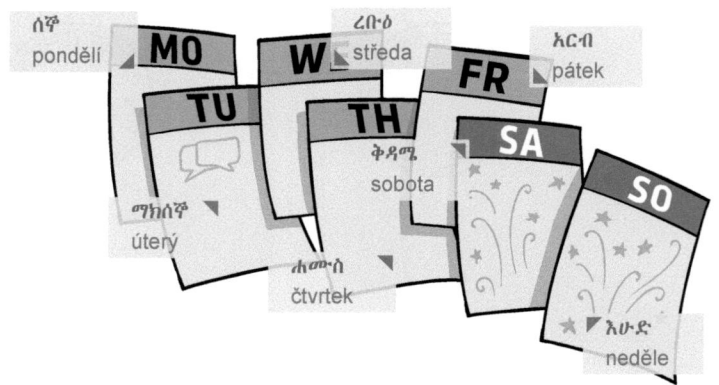

ሰኞ
pondělí

ማክሰኞ
úterý

ረቡዕ
středa

ሐሙስ
čtvrtek

ቅዳሜ
sobota

ኣርብ
pátek

እሁድ
neděle

ትላንት
....
včera

ዛሬ
....
dnes

ነገ
....
zítra

ማለዳ
....
ráno

ቀትር
....
poledne

ምሽት
....
večer

MO	TU	WE	TH	FR	SA	SU
1	2	3	4	5	6	7
8	9	10	11	12	13	14
15	16	17	18	19	20	21
22	23	24	25	26	27	28
29	30	31	1	2	3	4

የስራ ቀናት
....
pracovní dny

MO	TU	WE	TH	FR	SA	SU
1	2	3	4	5	6	7
8	9	10	11	12	13	14
15	16	17	18	19	20	21
22	23	24	25	26	27	28
29	30	31	1	2	3	4

የዕረፍት ቀናት
....
víkend

ዝናብ
déšť
ቀስተ ዳመና
duha
ጥጥ የሚመስል አመዳይ
በረዶ
sníh
vitr
ፀደይ
jaro
በጋ
léto
መኸር
podzim
ክረምት
zima

4.APRIL 11°
5.APRIL 4°
6.APRIL 13°
7.APRIL 8°
8.APRIL 10°

የአየር ሁኔታ ትንበያ
....
předpověď počasí

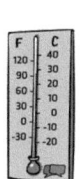

የሙቀት መለኪያ
....
teploměr

የፀሀይ ሙቀት
....
sluneční svit

ደመና
....
mrak

ጭጋግ
....
mlha

እርጥበታማነት
....
vlhkost

መብረቅ

blesk

ነጎድጓድ

hrom

አዉሎ ንፋስ

bouřka

የበረዶ ዝናብ

kroupy

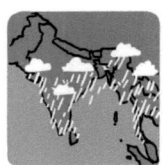

አዉሎ ንፋስ

monzun

ጎርፍ

povodeň

በረዶ

led

ጥር

leden

የካቲት

únor

መጋቢት

březen

ሚያዚያ

duben

ግንቦት

květen

ሰኔ

červen

ሐምሌ

červenec

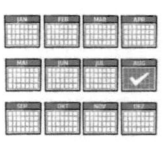

ነሀሴ

srpen

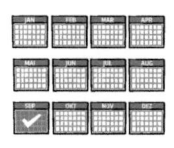

መስከረም

září

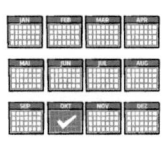

ጥቅምት

říjen

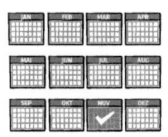

ህዳር

listopad

ታህሳስ

prosinec

ቅርፆች

tvary

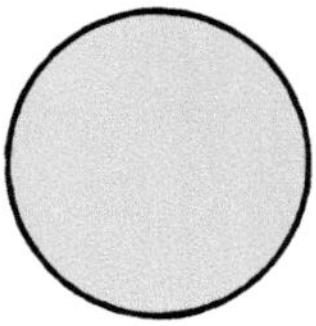

ክብ

kruh

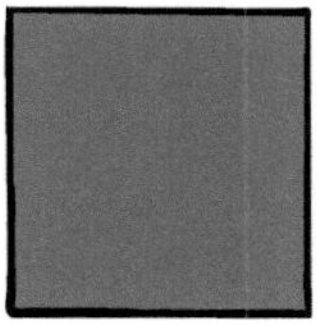

አራት ማዕዘን

čtverec

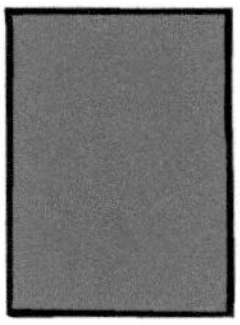

አራት ቀጥተኛ ማዕዘኖች ጎኖች ያሉት ቅርፅ

obdélník

ሶስት ማዕዘን

trojúhelník

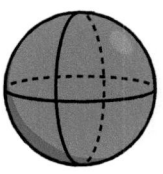

ሉል

koule

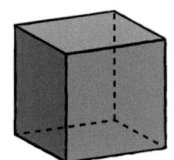

ስድስት ጎን ያለዉ ቅርፅ

krychle

ቀለማት

barvy

ነጭ

bílá

ቢጫ

žlutá

ብርቱካናማ

oranžová

ሮዝ

růžová

ቀይ

červená

ወይን ጠጅ

fialová

ሰማያዊ

modrá

አረንጓዴ

zelená

ቡኒ

hnědá

ግራጫ

šedá

ጥቁር

černá

ብዙ/ ጥቂት

hodně / málo

ንዴት/ እርጋታ

rozzuřený / mírumilovný

ቆንጆ/ አስቀያሚ

krásný / ošklivý

ጅማሬ/ ፍፃሜ

začátek / konec

ትልቅ/ ትንሽ

velký / malý

ደማቅ/ ደብዛዛ

světlý / tmavý

ወንድም/ እህት

bratr / sestra

ንፁህ/ ቆሻሻ

čistý / špinavý

የተሟላ/ ያልተሟላ

úplný / neúplný

ቀን/ ምሽት

den / noc

የሞተ/ ህያዉ

mrtvý / živý

ሰፊ/ ጠባብ

široký / úzký

የሚበላ/ የማይበላ
jedlý / nejedlý

ክፉ/ ደግ
zlý / hodný

ደስተኛ/ ድብርተኛ
vzrušený / znuděný

ወፍራም/ ቀጭን
tlustý / hubený

መጀመርያ/ መጨረሻ
nejdříve / naposledy

ጓደኛ/ ጠላት
přítel / nepřítel

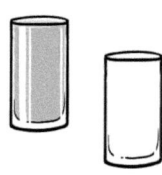

ሙሉ/ ጎዶሎ
plný / prázdný

ጠንካራ/ ለስላሳ
tvrdý / měkký

ከባድ/ ቀላል
těžký / lehký

ረሃብ/ ጥማት
hlad / žízeň

ህመም/ ጤንነት
nemocný / zdravý

ህገወጥ/ ህጋዊ
ilegální / legální

ጎበዝ/ ደደብ
inteligentní / hloupý

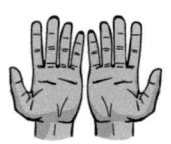

ግራ/ ቀኝ
vlevo / vpravo

ቅርብ/ ሩቅ
blízko / daleko

አዲስ/ አሮጌ

nový / použitý

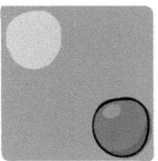

ምንም/ የሆነ ነገር

nic / něco

ሽማግሌ/ ወጣት

starý / mladý

የበራ/ የጠፋ

zapnutý / vypnutý

ክፍት/ ዝግ

otevřeno / zavřeno

ፀጥታ/ ጫጫታ

tichý / hlasitý

ሃብታም/ ደሃ

bohatý / chudý

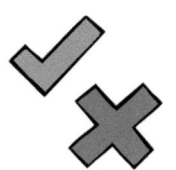

ትክክለኛ/ የተሳሳተ

správný / špatný

ሻካራ/ ለስላሳ

drsný / hladký

ሐዘን/ ደስታ

smutný / šťastný

አጭር/ ረዥም

krátký / dlouhý

ዝግተኛ/ ፈጣን

pomalý / rychlý

እርጥብ/ ደረቅ

vlhký / suchý

ሞቃት/ ቀዝቃዛ

teplý / chladný

ጦርነት/ ሰላም

válka / mír

ቁጥሮች

čísla

0

ዜሮ

nula

1

አንድ

jedna

2

ሁለት

dva

3

ሶስት

tři

4

አራት

čtyři

5

አምስት

pět

6

ስድስት

šest

7

ሰባት

sedm

8

ስምንት

osm

9

ዘጠኝ

devět

10

አስር

deset

11

አስራ አንድ

jedenáct

12

አስራ ሁለት

dvanáct

13

አስራ ሶስት

třináct

14

አስራ አራት

čtrnáct

15

አስራ አምስት

patnáct

16

አስራ ስድስት

šestnáct

17

አስራ ሰባት

sedmnáct

18

አስራ ስስምንት

osmnáct

19

አስራ ዘጠኝ

devatenáct

20

ሃያ

dvacet

100

መቶ

sto

1.000

ሽህ

tisíc

1.000.000

ሚሊዮን

milion

ቋንቋዎች

jazyky

እንግሊዝኛ

angličtina

የአሜሪካ እንግሊዝኛ

americká angličtina

የቻይና ማንዳሪን

standardní čínština

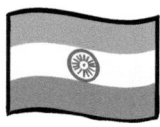

ሂንዱ

hindština

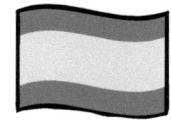

ስፓኒሽ

španělština

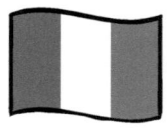

ፍሬንች

francouzština

አረብኛ

arabština

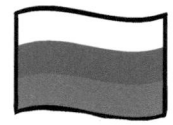

ራሺያኛ

ruština

ፖርቱጊዝ

portugalština

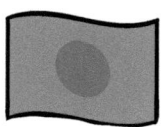

ቤንጋሊ

bengálština

ጀርመን

němčina

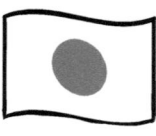

ጃፓንኛ

japonština

ማን/ ምን/ እንዴት
Kdo / co / jak

እኔ

já

አንተ

ty

እሱ/ እርሷ/ እቃዉ

on / ona / ono

እኛ

my

አንተ

vy

እነርሱ

oni

ማን?

Kdo?

ምን?

Co?

እንዴት?

Jak?

የት?

Kde?

መቼ?

Kdy?

ስም

jméno

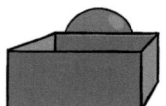

የት

kde

በስተጀርባ

za

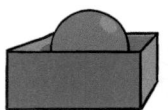

ዉስጥ

do

ከፊት ለፊት

z

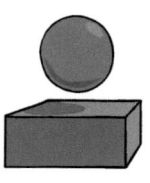

ከላይ

nad

ላይ

na

ከስር

mezi

አጠገብ

vedle

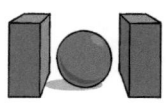

መሃከል

mezi

ቦታ

místo